Les éditions Le Cormier ont été fondées par Fernand Verhesen en 1949

Publié avec le soutien de la
Fédération Wallonie-Bruxelles

Courriel : contact@lecormier.net
Site : www.lecormier.net

ISBN 978-2-87598-032-8
Dépôt légal : Bibliothèque royale de Belgique
4e trimestre 2022 – d/2022/2075/3

Luc Dellisse

Mers intérieures

Carnet d'exil 2021

Le Cormier

À Souad Ouanezar

Jeter l'ancre

Le sentiment de l'exil est un des plus forts qu'on puisse éprouver.

Il divise nos moindres moments. Il change le bonheur en mélancolie, les victoires en doute et les chagrins en répétition. Il accompagne nos travaux, nos voyages, nos amours, nos relations et leur fait prendre une couleur fictive. Il transforme le présent en futur du passé.

Il y a plusieurs façons de sortir de ce piège, d'échapper à l'obsession, aux prisons pendulaires. De trouver une sortie de secours.

Toutes sont des points de fuite, des scintillements : le refus, la joie, l'inertie des journées, la mise en route lente des images, le ciel qui s'ouvre, l'éclatement des rêves.

Le sentiment aigu d'être toujours dans la distance, de ne se sentir en phase avec aucune durée, est compatible avec un instinct de bonheur, une sorte d'animalité de l'esprit.

Les émotions devant la beauté, les sources de plaisir ou de perte, le danger, les joies sèches et brèves, les moments d'énergie, les longues périodes de dépossession de soi-même, forment, contre toute attente, des souvenirs miraculeux. Les plus récents sont les plus exempts de regrets.

Peut-être que l'exil est une des voies d'accès à l'imaginaire poétique. Ou peut-être est-ce simplement un autre nom pour dire la poésie.

La poésie invente, ou explore, un monde différent du nôtre : il lui ressemble, c'est la même planète, ces sont les mêmes arbres, les mêmes perspectives. Mais dans le monde jumeau, on éprouve qu'il est possible de vivre. C'est pourquoi l'amour y est si présent.

L'exil et la fin de l'exil se trouvent donc en miroir, dans ce carnet qu'on emporte partout avec soi, ce regard en arrière qui recrée soudain l'unité des images perdues et des pensées promises au bûcher.

L'année 2021 a été une année comme une autre, excepté que j'ai jeté l'ancre dans le temps.

Scaphandre

Être voyageur c'est circuler dans la mémoire, au moins autant que dans des paysages inattendus. C'est franchir à volonté des portes légères qui nous séparent en songe des lieux et des drames du passé. Car tout fut drame, quand on y pense. Les projets et les rencontres et les grandes amitiés musicales ont tourné court, et à la fin sont devenus fumées.

Il faut croire que c'étaient des drames éphémères. Il ne reste rien du chagrin qu'ils ont causé, ni de la certitude que ces moments de bonheur ne reviendraient plus. Il en ressort au contraire comme l'éclat d'une vie antérieure déchirée mais heureuse, et un grand souffle d'avenir.

Mais le passé a tendance à se figer dans la glace, à se durcir, à se styliser à l'excès. Il faut le revisiter de temps à autre pour le garder en pleine conscience, comme une lecture sous la fenêtre, comme une plongée dans l'eau claire d'un atoll préservé.

Dans le scaphandre de son esprit, on retrouve ainsi, avec un léger sentiment d'ébriété, une scène de rupture, un séjour qui part en vrille, une fuite soudaine, la fin d'une histoire qu'on aimait: de cette lumière du premier jour, rien ne s'est dissipé.

Mode d'emploi

Si on projette le passé dans l'avenir, on fait apparaître des ondulations nouvelles. Le vrai visage du temps redevient visible. On sort enfin du « monde » : on rentre dans la vie. On y rentre tout seul.

Tous ces instants vécus dans l'abandon du monde ont laissé un reflet sur la vitre : tremblant, prégnant. Les contours se perdent dans la buée. Le vrai travail commence.

Ailleurs, autre part, peut-être trop tard, viendra l'instant-mosaïque, le durcissement des apparences, la fragmentation du vide, l'assemblage aussi minutieux que possible de petites pierres façonnées pour la circonstance, ou conçues pour leur effet de nébuleuse, leur effet d'ensemble.

Memento

La peur de la nuit m'a gâché la vie. L'espoir de la lumière m'a donné la force pour tenir.

Les yeux perdus dans les frondaisons de linge, guettant le jour qui pourrait venir si je ne lâchais pas le fil un instant, je mordais les ténèbres, comme un grand fruit noir.

Dans la pièce voisine, quelque chose de plus clair, de plus désirable et de plus brûlant m'attendait. C'était l'aube. C'était le chant des oiseaux. C'était le pas du geôlier. J'entendais les clés qui sonnaient.

Je perdais le sens du temps. L'attente, l'appel. Ce mince voile fendu par l'épée.

Aussi j'allais, le jour revenu, m'agenouiller dans la flaque de lumière qui baignait le carrelage défoncé, et je rendais grâce à la divinité de m'avoir rendu la splendeur. Je rendais grâce, ainsi, dans la transparence, sans croire à rien, simplement parce que j'étais vivant.

Petites graines

Absent cet automne. Pas de meilleure saison pour changer de terreau. Se faire un terrier de feuilles mortes. Échapper aux musiques et aux voix. Surtout aux voix. S'enfouir. Retrouver l'acuité du désir pour rien. L'extrême silence. La ville tout à fait silencieuse. L'amitié vaine. La société au point mort. Le mensonge oublié sur un banc.

Adorable paix. Néant des émotions. Tempo du cœur primitif. Faire le mort. Faire vraiment le mort. Personne qui compte, pas même soi.

Matin du premier jour. Filtre de l'air. On voit plus loin. Le filtre est la lumière elle-même : si fine, si pâle, si dorée. Sans lumière, on ne tient pas. Les spectacles sont accablants.

On recommence. On n'est pas d'ici. On n'est là pour personne. On est engagé dans un combat sans commencement ni fin. On a sa poudre et on a son encre. Écriture exclusive. On ne reviendra pas en arrière. Admirable automne feutré. Empire de l'œil, course en bataille, vitesse du sang.

On est parti.

Passer la frontière

Il suffit de renoncer aux précautions de l'esprit, d'ouvrir toutes grandes les vannes : d'une seconde à l'autre, on se retrouve immergé dans un milieu hostile et joyeux, la vie.

La lave des souvenirs précis monte en moi : attaque d'un chien dans le parc, voyage aérien mouvementé, yeux effarés de la voisine, goût d'un fruit et d'un baiser, rafale de mauvaises nouvelles, solitude de l'amitié, déchaînement de la nature sur le vitrage immobile du jardin, morsure des amours clandestines, randonnée dans la montagne, derniers jours d'une amie leucémique, soirée de fumée sur une terrasse en plastique, staccato des langues étrangères, échange photographique WhatsApp avec un lecteur lointain, dénuement d'une famille après un incendie, descente spéléologique vers des peintures rupestres, visite de repérage dans une île grecque pour le compte d'une société de cinéma, vacarme et cris dans un café : tout cela, comme un tourbillon au ralenti, constitue le véritable vivier des poèmes à venir.

L'âme est lointaine, le corps presque trop présent.

L'automne revient. Il me donne le besoin de toucher le réel avec mes mains vides. C'est une période abstraite, sensuelle, amère – elle partage la vie en deux comme un étang. Les âmes se détachent et filent tout droit vers leur cible. Les corps se densifient, se durcissent, et sous le dôme du ciel gris-rose, deviennent épais comme des murs.

Au plus près

J'ai été dressé pour ne croire ni au corps, ni à l'esprit, ni au plaisir, ni au devoir, ni au bonheur. Il n'y avait pas une seule base solide dans mon dressage, pas même un élément pratique comme nouer ses lacets, ouvrir une boîte de sardines, faire du feu. J'ai ainsi vécu dans l'oubli de moi et du monde, et dans la cécité aux merveilles. Pour retourner cette force ennemie, il m'a fallu des années, des années.

Un matin est venu où tout s'est mis en place, où l'ennui de vivre s'est dissipé, et la tristesse du jour, soudain captive d'une idée nouvelle, visuelle, physique, est devenue l'ardeur.

Rien n'explique cette métamorphose. Le ressort a joué, au jour prévu. C'était l'enfance. C'était l'amour. Réveil instantané.

Se retrouver tout vif, dans la première lumière, est une grâce. Il fallait la prendre et partir.

C'est alors que je me suis mis à porter des vêtements légers, même au cœur de l'automne, pour sentir le froid s'engouffrer en mon corps et déployer ses ailes.

Faire un vœu

Dureté du bonheur. Incommunicable. Irrespirable. Pas la moindre pitié dans son sang. Vivre a un prix. Une sorte d'or dans les taillis. Libido de la solitude.

Il faut écrire pour rien. Ne pas avoir d'œuvre en vue. Ni discipline, ni serment. On n'est pas là, c'est tout. Le téléphone a fini par s'éteindre. Le chargeur est rangé n'importe où. Les écrans sont dans le coma.

La vilenie des images qui dansent. Joie des foules livrées à leur sacre. Le projet est pur. Ne plus entendre. Ne croire à rien. Ne répondre à personne, pour cause de deuil. Le moindre mot à haute voix est un gibier.

Tous ces messages le doigt sur la détente. Ces projets de passion ridicules. Collimateur du ressentiment. On sent la petite croix tremblante sur son front. Ces tueurs avec leur foi dans les ténèbres. Partir en soi. Profondeur bleue. L'odeur du rire, du vent, du poivre de ses rêves éperdus.

La vérité existe, très loin, très en retrait.

Ressort

À grands pas, on se rapproche du feu central. On essaie de distinguer entre les flammes. L'autre côté ressemble aux souvenirs d'enfance : magique et menteur.

La course à l'abîme ne ralentit pas un instant. Elle prend des formes sans cesse nouvelles, mais ce n'est qu'une suite de ruses. Le néant reste son seul but.

Ce néant est un espace quand même, dans lequel l'âme humaine, quand elle rencontre une âme sœur, réinvente la vie.

Une main. Il n'y a que cela.

Ponctuation

Les dimanches se reconnaissent au bruit spécial des rues, aux voix opaques des enfants qui tournent en rond. Ce sont des jours emblématiques de ce que nous sommes – comme tous les autres jours. Mais il s'y ajoute une sorte de substance chimique, d'empoisonnement de la volonté, de contamination du dedans par le dehors. Le temps cherche à s'arrêter pour toujours.

La vanité de l'expérience de l'aventure humaine se célèbre cinquante-deux fois par an. Cinquante-deux fois par an, toutes nos raisons d'être actifs, heureux ou ardents disparaissent. On reste face à une zébrure dans la vitre : le néant.

Le temps défile en noyant sourdement tous les rêves, mais au passage, parfois, il accroche une merveille endormie.

Parfois, alors, le mécanisme se déclenche. L'attente, l'ennui, le vide, à la fin pèsent de leur poids négatif sur le trébuchet de l'esprit, et ça vient. Tout à coup, cette ville captive du brouillard, ce corps qui n'était plus le nôtre, cet esprit qui avait regagné sa tanière, sont là. Le sortilège, par ses voies invisibles, s'est dissipé.

Ligne rouge

Nous reparlerons bientôt de la guerre. Le calme terrible pendant que les guerriers rechargent leurs armes, le froncement de douleur des blessés et des mourants, le grouillement des corps enchevêtrés, des survivants prisonniers de leur masse.

Il y a un balancier entre le feu et la glace, un mouvement pendulaire du silence.

Avant, l'insouciance qui a la forme de toutes les joies qu'on rencontre et qu'on prend. Après, le fracas du monde qui a cessé, mais qu'on entend toujours.

La mort vient à l'envers. C'est un jeu dont le présent est exclu.

Sur le fil

Le soir, l'été, les bruits clairs de la rue, font leur travail de sape. Pour échapper au gouffre, il faut être léger, avancer sur les pointes.

Tout conspire au rêve, à la flânerie, à la revisitation des temples.

La parole est entre les arbres et dans les arbres : comme si la sève qui pulse sous l'écorce aidait deux interlocuteurs à faire monter d'eux-mêmes une parole plus intuitive, plus nécessaire – couplée au rythme des saisons.

L'impatience survient, la voix libératrice. Rompt la sagesse, rompt l'abandon, rompt la mort.

Montage

Pas tout de suite. Pas tout de suite. D'abord le temps de lisser le réveil.

La saveur acide d'un parfum flotte encore. L'empreinte d'une tempe sur l'oreiller me redonne le monde avec tous ses attributs.

Très certainement, ces preuves sont au service d'une opération d'échanges cellulaires, sans laquelle il n'y a pas d'avenir véritable. Juste un peu de douceur inutile.

Cette fusée que la vitesse de mon sang me communique, et me presse de fixer dans ses bouleversements, ouvre le temps.

Une musique. C'est une musique.

Telle dans la vivacité matinale, telle dans le corps, les muscles, les nerfs.

Instant précis

L'intelligence aussi est une histoire d'amour. Un sentiment de solitude. Un enchantement glacé.

Toutes ces promesses et tous ces vœux, ont leur pendant dans le plaisir.

Le jour est venu où les mots qui se prononçaient à voix basse, entre les cases, disent la vérité du jeu.

Un diamant pressé découpe les écrans éteints, les draps clairs, et marque le début et la fin de la nuit, dans une même torsion de la ligne.

Elle sourit. Hors d'atteinte ? Inspirée ? Elle se reflète en toi.

Opération

Serais-je encore là si je n'avais pas eu la chance ? Je n'ai jamais rien fait de ce qu'il fallait faire. Je me suis toujours laissé flotter. J'ai beaucoup gaspillé mes forces vives. Je ne me soignais pas quand j'étais malade. Je ne cherchais pas un métier quand j'étais à la corde. Je ne me débattais pas quand j'étais coincé. Je me disais que quelque chose finirait par venir, quelque chose d'heureux. Il fallait juste tenir un peu. Ça venait. J'étais soudain tiré d'affaire. La chance, au dernier moment, au bord du vide, avait joué comme un ressort secret.

La douceur de la chance ressemble à la douceur de l'amour. Dans un demi-sommeil, on croit qu'on est seul. On pense à ses problèmes d'argent, à son livre qui bloque, à celle qui n'appelle plus, aux résultats des analyses médicales qui auraient déjà dû vous parvenir et qui tardent anormalement. On se dit que tout était trop beau pour durer. On se demande à quel moment viendra l'instant fatal. On espère avoir la force d'âme au moment de se dire adieu. Tout cela dans l'effarement du noir. Mais le lit n'est pas vide, il y a une présence, elle nous frôle. La chance. Elle dit qu'elle ne vous quitte pas encore, qu'elle vous aime bien.

Ex-voto

Bonjour le jour sans limites. Bonjour l'amour retourné.

Tu es montée les poings fermés dans la tourmente, tu as eu deux enfants en étant un enfant, tu as saigné avec ton corps de funambule, tu as maudit en parcourant le ciel, tu as raté tous tes rendez-vous avec le Mal, tu es restée pure en t'endormant.

Tu es repartie entre les statues vivantes et les pylônes de verdure.

Nous avons été si heureux sous les arbres, dans la pluie des feuillages. Il ne nous reste plus rien à désirer.

Ton souffle respire avec moi.

Si douce

Du plus loin que vient la menace, se dessine avec une précision de ballerine son tracé phosphorescent.

Mais le plus grand péril n'est pas celui qui vient au grand jour.

Il faut se durcir contre le bonheur. Exercice sans fin.

Juste une fois, dans les buissons, pendant que repliée comme un plaid, les genoux bien dressés, les reins cambrés, elle commençait à mordre, j'ai eu peur que le désir ne me tue.

Au spectacle d'un visage terriblement proche, d'une joue parsemée de quelques brins d'un duvet blond, et si douce, j'ai pris conscience que la merveille était enfin arrivée.

Le monde s'arrête comme un manège entre deux tours.

Pliure

Sortir de soi. Une discipline de l'esprit qui consiste à se réapproprier son quotidien : d'abord les événements de la veille et les urgences du jour, puis toute la ligne claire de sa vie.

Ainsi on échappe au pire non par force mais par faiblesse. Le simple fait de survivre a toujours eu quelque chose d'incompréhensible et de grisant.

Si on ramène tout à l'essentiel, j'ai eu plus de vies que je n'en attendais. Plus de trouvailles aussi, de dons précieux, de regards enchantés.

Cette poudre d'or emplissait mes poches, mes manches, mes souliers ; elle volait autour de moi, impalpable et précieuse, accrochant parfois quelques rayons d'une vie antérieure.

Le bonheur ne se mérite pas. Il est le lien avec l'invisible. Je lui ai fait confiance. Je ne suis même pas sûr de ne pas lui avoir confié mon âme immortelle.

Il cessera. Il reviendra et cessera.

Simple vue

La remémoration de l'avenir est un signe certain que les choses se mettent en place.

Parfois, on traverse une frontière invisible – et c'est un éclair. Ce n'était pas un barrage, ou un tabou, qu'il fallait franchir – simplement, il y avait quelque chose qui n'était pas là, ou qu'on ne voyait pas, et qui à présent est une évidence, là, sous les yeux.

Rien de mystique, pas même une transcendance : juste un accroissement de quelque chose de sensible et de réel.

Il me semble parfois que je devrais organiser toute ma vie autour de cette expérience du monde : juste en-deçà, ou juste au-delà, de moi.

À la faveur de la relation nouvelle qui s'établit entre deux réalités distinctes, deux êtres distincts et parfois même antagonistes, le monde prend l'apparence d'une terre inconnue, d'une planète mystérieuse. Mais ce mystère est un mince vernis qui peut se griffer, se fissurer, et laisse entrevoir la chimie du réel.

Un réel intense, réactivé, s'identifiant absolument avec les secrets perdus de l'enfance, mélange presque sexuel de frayeur et d'émerveillement.

Paix séparée

Il y a des combats perdus d'avance, mais dont la nécessité entraîne tout, emporte tout, et tire de soi la lumière.

Dans l'urgence, je peux partir en chasse, durant les journées sans contours, soit que je travaille au lit, soit que je marche et trace mes sillons, soit que debout, cherchant des yeux, dans un café, la tête connue ou inconnue de la personne avec qui j'ai pris rendez-vous, j'aperçoive, tout à coup, autre chose que je croyais chercher, et qui s'impose, comme un insecte de feu sur la moleskine d'une banquette rabotée, prêt à s'envoler : filles, seins, couleurs, bières, gestes, écharpes, montre de prix, lunettes de marbre, argent détourné du pourboire, vitre lavée par la pluie des balayeuses municipales, et déjà en train de coulisser.

Tout cela a plus de réalité à mes yeux que les joies humides des baisers ou des opérations diamantifères, ou des réminiscences de l'amitié. Le piège à plaisir se referme, le papillon de l'instant doré se replie dans le point du jour, comme si les deux crans d'un bijou primitif venaient soudain de se clipser l'un à l'autre et produire en même temps que l'unité retrouvée, le petit bruit sec des adieux.

Convergences

Toute la précision qu'un esprit éveillé peut mettre dans son attention au monde se retrouve dans son rapport à l'avenir immédiat.

Est désirable ce qu'on peut produire, en quelque sorte, à volonté. C'est une volonté diffuse, incertaine, éloignée du hasard, mais où la chance joue un rôle : que serait l'amour sans la chance d'une rencontre, que serait l'écriture sans l'association imprévue d'une image et d'un mot ? Que serait même le désir d'accomplir sa journée sans défaillance, malgré le spectacle de la haine et de la dépression qui sature la moindre station de métro, s'il n'y avait un sourire, une phrase, une soudaine fulgurance donnés, non par le hasard, mais par le petit dieu vigilant ?

Le dispositif se met en place peu à peu. Une suite de journée préparées, où tous les moments conscients et voulus participent à la même entreprise, au même sentiment de captation du monde, au même désir de réalité infinie.

Chaque fois

La mer, le ciel, l'orage, l'énergie en boule, la nage, les courants, la reprise en main.

L'engloutissement, entre le radeau et la rive. La promesse du soleil si je vivais.

Je luttais dans les remous, dans l'écume, je tenais le coup entre les courants glacés.

Sauvé. Échappé. Évadé. Gracié. Aurore boréale dans ma vie hier encore fermée, barrée, terminée. Je n'y comprenais rien, mais j'acceptais le don.

C'était beau, le rouleau de vagues autour d'un corps tendu qui ne peut fuir en oblique et qui tire droit devant lui la flèche de ses muscles, pour essayer de glisser hors de l'étreinte, à travers les doigts écartés de la mer.

La splendeur

Son âme qui aspirait depuis si longtemps à cette sérénité du renoncement exultait de l'avoir atteinte, enfin.

Elle avait senti rôder durant de longues semaines, remuer en elle, les prémices d'un retour amoureux mais la chose ne s'était pas faite. Elle ne s'était pas battue pour l'incarner. Puis, à l'autre bout de sa tristesse, tout ce qui s'était enfui est revenu, et lui a été redonné, d'un seul coup. Elle a poussé un petit cri.

Dans la chaleur extravagante de ce mois de septembre qui tardait à finir.

La façon de lutter contre cette ombre née de l'ombre peut varier. Le désir ne varie pas. Il a des masques, mais un seul visage.

Premiers contacts avec la splendeur. Tout de suite, elle s'est sentie arrachée.

Il lui fallait se concentrer pour finir vite, fort, à fond, pour rompre un instant le cercle des obsessions toujours renouvelées, et cette odeur d'enfance et de jouvence, se tordre en arrière, sortir, partir, ailleurs, se verrouiller et se raffermir sous la voûte, avant de regagner le cercle des vivants et des morts, où la suite infinie l'attendait.

Elle faisait partie du même complot que moi.

Étang noir

On ne possède pas sa vie. On la perd. On la retrouve. On l'explore. On ne la reconnaît pas.

On apprend ainsi à vivre éveillé sans toucher tout à fait du doigt le miroir des choses.

C'est l'exil léger, impatient, effaré, captif de l'inconnu. Incontournable, immuable.

Cette terre est la mienne, bien sûr. Mais nulle part. Mais je n'y étais pas. Les amours m'ont déchiré, mais c'était une souffrance hors d'atteinte, ou hors de moi. Il y avait une vitre entre le monde perdu et les jours à venir.

À travers cette modulation toujours active de l'émotion et des images, nous éprouvons la durée de l'instant. L'événement qui a eu lieu, qui n'est plus et dont on se souvient (la mort d'un être, la fin d'un amour) ne bascule pas dans l'étang noir des souvenirs. Il devient présence, accélération, adaptation au réel d'un présent presque infini.

Un présent sans supplices, sans comptes à rendre à l'avenir.

Fuite d'Europe

L'attrait des voyages, les départs au jugé, le glissement vers le sud, le camping sauvage, les auberges de jeunesse (dans leur version violemment mal tenue et mal famée des années 70), les bus bondés, les preneurs d'auto-stoppeurs aux mains baladeuses, les petits caboteurs à l'huile lourde, reliés au ponton par une planchette pas plus large qu'une ceinture, et le cran d'arrêt bandé dans la poche quand on marchait la nuit et qu'on voyait s'allumer le point rouge de trois ou quatre cigarette tirées par des voyous aux aguets, et les restaurants escrocs, et les guides polyglottes et monomanes, et les policiers corrompus des petites langues de terre balkaniques, et la disette, et le froid la nuit après la journée torride, et le dernier vieux billet de vingt lei, ont tôt fait de transformer un jeune homme paresseux, distrait, lâche, cérébral, dénué de muscles et de sens pratique – en aventurier.

Les gens qui croient que l'aventure consiste à se battre au couteau dans les ruelles, à perdre sa chemise dans un tripot de Papeete, à trafiquer de l'or ou des timbres-poste, à voyager à bord d'une jonque en passager clandestin – et implique en tout cas de tirer au pistolet ou de sauter en parachute – en sont restés aux images d'Épinal. Ils haussent les épaules à l'idée d'un aventurier des bibliothèques, incapable de conduire une voiture ou de grimper à la corde. Mais il y a autant de formes d'aventure que de façons de mourir. Les papiers perdus et retrouvés, les rapports rédigés par une autre main que celle du signataire, les étudiants peu doués et leur père peu scrupuleux, les hommes politiques sans programme et les écrivains sans orthographe, les colloques dans des pays de dictature et les testaments postés le lendemain de l'enterrement, offrent autant de possibilités dramatiques qu'un avion en flammes ou un mur hérissé de tessons. Tout commence et tout finit par un pile ou face avec la mort.

En deux mots

Ma vie, dès l'origine, a été très saccadée.

J'ai vu quelques-uns de mes choix les plus solides exploser en plein vol. J'ai perçu l'éclair du viseur, l'œil fixe de la mort, rivé sur moi. J'ai attendu mon heure à la roulette. J'ai beaucoup joué contre le temps.

Quand les maisons de l'enfance se sont écartées, comme les deux pans de la mer Rouge, quand le monde visible a commencé à se dessiner devant moi, j'ai connu le temps. Un beau portrait du fond des âges. Tout en lignes de fuite. Le moment était venu.

Je n'ai pas à proprement parler disparu. Je suis devenu public, mais discret, même évasif. On m'a quelquefois traité de dandy. J'étais surtout terrifié par le regard des autres. Je tentais des acrobaties pour faire vaciller ce regard.

Grandir

On se rencontre, on se perd, on attend les premiers mots de la prophétie.

Ce sera un désir sans jouissance : ton âme sera pénétrée de bonheur et de force, tu te sentiras grandir et devenir plus fragile et plus indestructible. Ton corps acquerra quelque chose de dur, ton esprit sera plein de pitié.

Tu seras soulevé par une pleine vague – et le bouleversement sera total par le regard, cet incroyable bleu d'espace, ces trous perdus du regret, ce filtre de souffrance, même de douleur, et tu sauras que par-là, pour elle, vient la jouissance sans plaisir, et tu sentiras tout l'énorme plaisir de renoncer à jouir d'elle, ne pouvant jouir pour toi.

L'été au pelage de fauve, l'odeur des poivres et des pollens, la rareté des appels et des signes (hormis quelques corvées) sont des incitations au courage.

Mystère

J'ai connu des zones glaciaires, et puis, des zones torrides. En amour surtout j'ai été calciné.

Pour ce qui est des rêves et des espoirs matériels, le plus souvent c'était le pôle Nord. J'ai affronté les débâcles. Je sens encore sur mes côtes la pression des blocs immenses qui se resserraient.

Je suis resté vivant. Il me semble que l'addition de mes forces et de mes faiblesses n'explique rien. Il y a eu autre chose.

Ressusciter ainsi, quand j'étais demi-mort. Retrouver l'issue, quand j'étais au tombeau.

J'ai eu la jouvence avec moi. La reine de cœur. Chaque fois que j'ai failli perdre pied, elle est venue. Rien n'aurait eu lieu, mes rêves même seraient inexplicables, sans cette danseuse.

Empreinte

J'étais presque allongé dans les nuages. C'était flotter et c'était réfléchir. L'air gris refluait autour de moi. Je me demandais où j'allais si vite et sans bouger. Mon corps était en proie à une extrême vivacité de sensations. Une sorte de rasoir coupant l'air et le ciel. J'avançais dans la journée finale, les yeux tournés vers la mer nuageuse.

Et c'est arrivé.

Une occasion, une phrase plutôt, que j'avais attendue toute ma vie, soudain se matérialisait. Les mots mélodieux étaient prononcés, à hauteur de mon front.

Une voix, n'appartenant à personne, remuant toutes les émotions perdues de l'amour, me touchait comme une main sur mon cou.

Rien ne ressemble à cette douce voix minérale. Rien n'échappe à la main patiente qui ramène les cartes de la partie, quand les jeux semblent faits.

Il s'agit d'une sorte de mantra : « Tu seras aussi vif et heureux que ton âme le permet, à toute heure de ton état d'éveil. »

Trêve

Cacher sa vie. Passer un long moment d'intimité sans contrôle. Portes fermées, être deux.

Le sexe est rapide, machiné, frontal. Il est lumière dans la nuit. Il ne se conçoit pas sans stratégie. C'est un pari sur la vitesse et sur le bonheur.

Puis on revient. On est seul.

Détachement. Se détacher, ce n'est pas tomber : c'est sortir à pas lents du cercle social. De même que passer l'été pieds nus n'est pas retourner à la vie sauvage, mais le temps d'une trêve, fuir les obligations fictives, se dégager d'une chape de rituels.

Faire le moins de changements possible dans l'ordre du visible. Dormir debout.

Il y a une seconde manche dans les domaines interdits.

César

Parfois le monde disparaît. Il cède la place à un espace imaginaire. Un endroit où vivre pour une espèce plus évoluée que la nôtre.

Un homme est là, armé d'un poinçon, et fait front à la horde. L'encens fume près de lui, sur un trépied.

Il va mourir, pied à pied. La légende est plus près de la vérité que l'histoire.

« Né fier, ambitieux, et se portant bien comme il faisait, il ne pouvait pas mieux employer son temps qu'à conquérir le monde. »

Son génie se trahissait dans les détails instantanés.

L'homme le plus vif, le plus éveillé de son siècle. Quand on se compare à lui, le temps semble arrêté. Rapporté à son action, tout dort, tout est plat.

Chaque nuit je dors enroulé dans le manteau de César.

Prière

J'ai des refuges disséminés un peu partout. Des cachettes, en pleine transparence. Elles s'allument et elles s'éteignent à volonté. Cela depuis toujours.

À la nuit tombée, j'en trouvais une. Je m'approchais en chancelant de ce point fixe. J'entrais. Je tombais de sommeil.

Puis le désir, à tâtons, prenait forme.

La coulisse du silence demeurait mais elle était devenue éblouissante.

Fermer, rouvrir les yeux. Cela suffisait.

Seconde

Je ne crois pas que la raison d'agir soit le bonheur. Être heureux est le signe d'un contexte favorable à l'accomplissement de ses projets les plus brûlants. Ce n'est pas une fin en soi. La vie est un acte de volonté qui désigne les choses à faire et la conduite à tenir, au risque de se traiter comme un instrument docile pour atteindre le but. Celui que nous nous sommes choisi et qui pourtant nous dépasse.

Le bonheur est une boussole intime. Sa trop grande intensité, sa satiété surtout, nous immobilisent au milieu du gué, alors qu'un projet de vie s'inscrit dans la durée.

D'une seconde à l'autre, on fait le seul choix décisif. Quitte ou double. On ne revient pas en arrière. On fait le point au bord du vide.

De tout cet autre monde qui surgit dans un tourbillon, se dégage la ligne. Il y a quelques semaines, elle est apparue – sur l'écran que toute vie mentale projette devant soi.

La certitude que je touchais au but me donnait une force inconnue. La peur n'avait plus aucun pouvoir sur la lumière.

Tourbillon

L'enracinement de Simone Weil, un choc. La force de ce livre examinant l'avenir de la civilisation à la manière d'un rapport officiel qui serait établi par une fonctionnaire métaphysique très compétente, pour examiner non un plan quinquennal, une stratégie politique ou une proposition de loi, mais les conditions d'amélioration de la société humaine, à l'issue d'une grande guerre, d'un grand bouleversement. Une mission au service des individus responsables, et non de la collectivité, c'est-à-dire du monstre froid.

Parfois, tout est donné dans l'instant : idées, émotions, promesses, clés, serrures, peur.

Ce choc me rappelle, sans aucune ressemblance d'intention ni de contenu, le jour où j'ai laissé repartir une voiture à cause d'une boutique poussiéreuse que j'avais vue de loin dans la rue de Zagreb, où le mensonge et l'espoir m'avaient mené ; une vitrine qu'un rayon de lumière perçait, une porte vitrée qui carillonnait, une méprise, deux pas en arrière, la rue, la même rue.

J'étais seul, tout lumineux de solitude, et je me suis retrouvé sur le podium du carrefour, entouré d'une foule, pris dans un tourbillon, où se mêlaient l'anecdote éclairante, la généralité brusque, la critique inspirée, la promesse d'avenir, la raison comme mystique, et les dissonances du cœur humain.

Autre

L'amour malheureux n'a pas que des inconvénients. On s'interrompt, en coupant court à l'idéal d'intimité partagée et au sentiment de l'adhésion réciproque. L'amour nous renvoie à notre solitude c'est-à-dire à notre liberté.

La disponibilité qu'on retrouve en quittant et plus encore en étant quitté ne sert à rien. Quand il s'agit de quelqu'un d'essentiel sa perte vous déchire, sans elle on ne peut presque plus respirer, on est mort pour que la douleur déchirante, le poinçon incessant dans le cœur arrête de vous percer, on est mort, on souhaite cette mort, ce manque d'air, ce retour en arrière dans le temps et dans le néant, mais dans le même instant on échappe à l'asphyxie par de brusques bouffées d'oxygène, on se noie mais quelque chose déjà affleure, vous reporte à la surface des choses. On se sent désœuvré dans le flottement des jours, le chagrin vous enveloppe, vous engourdit, une sorte de nonchalance, d'abandon à son étoile revient.

Il n'y a plus de rendez-vous, plus d'attente, on recommence à aller et venir à sa guise, en vain bien sûr, en vain puisque c'est le désert et qu'il n'y a nulle part où aller. Puis on se met à percevoir les aimantations d'un monde différent, inconnu, désirable, c'est la vie ordinaire, on est libre d'aller, de pousser la tête hors de l'eau.

Un silence

La plus vive façon d'agir. Tout en continuant à parler avec son amie pour lui expliquer quel sinistre individu elle avait dans sa vie, elle me faisait des mimiques rassurantes pour m'inciter à ne pas prendre ses propos au premier degré. L'appareil coincé dans la voussure de l'épaule, manipulant de ses belles mains aux ongles courts un couteau et un grattoir pour nettoyer et découper un choix de légumes ordinaires, elle semblait transportée par le rayonnement de son sourire.

Elle a tout à apprendre sur l'amour. Elle ne l'a connu que de loin. Elle l'a toujours fui. Elle se sert de moi pour l'apprendre. Je suis son cobaye. La porte de la cage est fermée.

Soudain elle se tait, elle écoute, elle pose ses deux mains à plat.

Silence propice au rêve, à la flânerie, aux petits arrangements avec le chagrin, aux corvées domestiques, et même au bricolage – pour forcer les verrous.

On ne pourra jamais être absolument sûr que l'histoire s'est produite noir sur blanc.

Au loin

Il n'est pas nécessaire d'être moderne. Ou plutôt la modernité est universelle. Certaines époques du passé sont des anticipations qui happent l'avenir.

J'ai eu une enfance stellaire. Je me projetais dans la conquête spatiale. Les instruments se réglaient, les appareils s'apprêtaient à partir. On allait gambader sur la lune, en attendant l'expansion infinie, la traversée des trous noirs.

Mon humble destin d'enfant et la grande aventure qui s'amorçait avaient partie liée. Du succès de la fusée dépendait mon salut personnel.

Je revois toutes les images d'une fusée s'arrachant au ralenti à son derrick de Floride, pour viser la cible transparente sertie dans le ciel. Je comprenais à présent que l'avenir avait une face cachée, comme la lune, qu'on s'apprêtait à visiter.

Je prenais goût *à ce vivant espace.* Il était tout entier inscrit dans la ligne temporelle que je suivais.

Vivre dans le présent comme dans un futur. Comme dans un des futurs. L'avenir est un style de vie. Non parce qu'on est moderne. Plutôt parce qu'on ne l'est pas. Vivre à temps plein en état d'avenir.

Aménagement

Cette maison est carrée et rugueuse. Elle est belle. Elle a cent ans, l'âge d'une certaine perfection.

Les portes s'ouvrent. L'âme circule. Les corps engourdis dans un lointain passé se remettent en mouvement, et respirent une essence de vie, ardente, dans le clair-obscur des contrevents.

Je vais vivre dans une maison qui ressemble à mon écriture. Opposant à la guerre, au désordre, au désastre de la langue et des mœurs, une sorte de signature gravée sur la surface du réel. Comme, sur la pierre de mon immeuble, le nom de l'architecte et la date de son œuvre à venir, forment un palimpseste. Dessous, l'histoire, ou le secret, attend.

Radiation

Durant ce temps de liberté pour rien, ce long temps intermédiaire, il n'y a pas eu beaucoup d'amitié autour de moi, et j'en souffrais. La vie quotidienne était décevante, peut-être parce que j'étais pauvre sans accepter l'idée de pauvreté. Ma relation aux autres était abstraite, la plupart du temps. Je ne rencontrais que des gens sans contour. Je leur préférais des personnes bien réelles, mais distantes, la plupart mortes depuis longtemps : celles qu'on trouve dans les livres. Je lisais beaucoup.

Ce qui m'a fait lâcher les livres, les circonstances de ma fuite, les rencontres hachées et toutes les formes du péril, forment un seul événement : l'aventure Les réacteurs se sont emballés. Plus jamais il n'a été possible de retrouver une vitesse de croisière. Arrachement. Fracas. Sifflement des turbines. Il y a un objet, quelque part dans le réel hors d'atteinte, qui concentre toutes les ondes de cette chamade. Un anneau, trop petit pour mon doigt.

La rencontre et la vision : l'un sans l'autre ne vaut rien.

Stigmates

Monde truqué jusqu'à l'os. Indices du mensonges. Preuves et contre-preuves de la folie. Touches d'espoir.

Verres vides, sales, abandonnés, voire cassés. Tessons.

Cimetière, allées, tombes anciennes.

Marchand de chaussures, comme des trophées.

Pavé mouillé. Cour intérieur. Mosaïque. Piscine. Cabine de bain.

Maison à l'abandon. Lavoirs et margelles. Labyrinthe. Buis, statues. Étang. Nénuphars.

Fanal. Hache. Lampe de poche. Pile électrique.

Liste des armes improvisées ou en vente libre. Lettres postales ouvertes, chiffonnées, lues vingt fois.

Seringues. Fioles. Couteaux.

Gros plan sur des morceaux de corps. Organes.

Variation sur les yeux, les regards, les instruments de vue.

Lit défait. Vêtements en boule. Chambre de passe.

Effraction. Grilles. Vitrines.

Ruches. Insectes. Masques. Maquillage. Baisers.

Forme fixe d'un souvenir

Il ne suffit pas de retrouver dans sa mémoire une image brouillée, une scène à demi effacée, et de lui redonner, par une série de retouches mentales, un peu de sa netteté primitive. Il ne suffit pas de retrouver le fil perdu d'une séquence ancienne, et d'en redessiner les contours, les couleurs, le tempo.

Il faut arriver à fixer tout cela dans une forme suffisamment souple pour que l'émotion du souvenir y demeure ; et suffisamment fixe pour qu'elle reste accessible, consultable, à volonté, et ne replonge plus dans la déperdition.

Pour noter certains petits traits de feu de sa vie, on a parfois besoin d'un instrument plus précis que la vision volatile ou que le poème-memento. Quelque chose de solide et de ferme à la fois. On sent le besoin de racines profondes, de sillons réguliers. On entrevoit une forme fixe : le sonnet. Comme le cadre d'un miroir reflétant un éclair de vie éternelle.

Non mais mourir

L'orage renversé. Le ciel au fond du ventre
Le poids de la panique et la nuit sans couleur
Le tam-tam sourd du temps étouffant la splendeur
Je sors de toi. Tu vis. Tu vois le jour. Tu entres

Les vagues de la nuit s'en vont vers l'invisible
Je plonge dans le feu ondulé de la mer
Aveugle, rayonnant et les yeux grands ouverts
Ta beauté dessinait le seul bonheur possible

Je ne regrette pas cette ombre de moi-même
Non mais mourir qui viendra vite, et le poème
Écrasé par le poids du rêve et du sommeil

Je n'aurai plus tes yeux de fleuve et de voyance
Je n'aurai plus ta main pour rester immortel
Je n'aurai pas les derniers mots de ton silence.

D'autres que toi

D'autres que toi avaient des yeux pleins de lumière
Les seins durs écrasés par la guerre et la paix
Les longs regards par où coulait un sang épais
Les larmes, la surprise et la passion première

Le corps griffé partout qui était jouissance
Et le sang des baisers et leur saveur de miel
Et les ongles des mains qui reflétaient le ciel
Par toi seule j'allais au bout de la souffrance

Les huit membres cloués au mur comme des dieux
Nous étions ravagés par les éclats du feu
Dans ton sillage un jour durait la vie entière

Et ton royaume avait la clarté de la pierre
Jusqu'au dernier sursaut du plaisir nu, béant
Lorsque la nuit passait ses pouvoirs au néant.

Premier soir

La chambre était si haute et si blanche et si pure
Nos mains tremblaient de peur en nous déshabillant
Nos bouches n'osaient pas se toucher, se frôlant
Se perdant – retrouvant l'endroit de la brûlure

Plus l'amour nous mordait, plus il devenait lent
Nos corps ont mis longtemps pour quitter leur armure
Étonnés d'être nus, étrangers et sanglants
Et tendus dans l'espoir de nouvelles blessures

Le moindre de tes pas en montant l'escalier
Mêlé aux miens dans un trébuchement du monde
Avait produit ce souffle coupé des secondes

Dans la chambre de verre aux angles dépliés
Nous avancions vers le moment secret du vide
Le temps se dilatait et devenait liquide.

Visiteuse

Ce sourire arrêté, ce glissement des doigts
Le long d'un échafaud de surprises d'enfance
Ces baisers retirés et ce couteau de froid
Qui perce le matin dans son incandescence

Le sol rompu. Le ciel troué. Le lit étroit
Le regard et la main enfouis dans l'absence
Les morsures de mort de la dernière fois
Dans un emportement de spasme et de silence

Rien ne reste de toi que ce dernier supplice
Ton odeur, ta salive et le poids de ta main
Redonnés, retirés et les mots de la fin

Et les yeux pleins de sang, et le miroir complice
De notre histoire, et dans l'immensité des draps
Le reflet foudroyé de ton corps dans mes bras.

Reflets

Jumelles qui dormaient dans les bras nus de l'aube
Leur corps de marbre blanc écrasant le sommeil
Leur souffle entrecoupé dans le même appareil
De désastre, au milieu du gisement des robes

Devant la glace où s'allongeait leur beauté lisse
Double tour du regret d'avoir aimé pour rien
C'est l'instant où l'amour rompt le dernier lien
Dans la chambre aux volets fermés pour le supplice

Ces femmes, la plus rose avait l'accent anglais
Tout le jour mais la nuit venue était sirène
Par sa voix douce et par son chant rempli de haine

Et l'autre qui mordillait ses lèvres exsangues
À demi dédaigneuse et les yeux aux aguets
Attendait le moment de jaillir de sa gangue.

Reine

Tu sortiras de moi sur la pointe des pieds
Sans déplacer aucune ligne mitoyenne
Le bruit léger de l'ombre avant que le jour vienne
S'élargit en suivant un chemin oublié

Tu es déjà debout dans l'écrin de tes bras
Ta beauté jaillissant du noyau de ton être
Cette nudité d'or qui garde la fenêtre
Appartient au passé vivant. Tu sortiras

Longtemps lorsque j'aimais les voyageuses lentes
Le bonheur à venir était proche du point
De fusion. J'attendais la reine des Atlantes

Elle est venue. Elle avait tous les mots de passe
Le temps s'est arrêté suspendu dans l'espace
Et la mort amoureuse a refermé son poing.

Amour

L'amour est une passion maladroite mais surtout terriblement lente. L'amour est une maladie de la lenteur. Il ressemble au sommeil de l'esprit, ou à une panne de machine. Presque immobile, proche du sommeil et du rêve. L'amour est une femme que j'ai connue en rêve, ou dans le néant où elle s'est retirée. Elle aussi est là, presque immobile dans le temps.

Dès que l'amour est installé il n'y a plus besoin d'une martingale : la main suffit. Tout le contraire de la roulette, où la main est le piège, le succès éphémère qui favorise la plus parfaite défaite finale.

Il y a le jeu de l'amour mais ce n'est pas un jeu véritable. La partie s'engage au grand jour, on ne quitte pas des yeux une beauté qui compte plus que tout. Quand elle est absente, elle est encore là. Le oui et le non sont à l'œuvre. On ne compte pas sur le hasard mais sur le petit dieu qui n'apparaît qu'à coup sûr et qui ne frappe qu'une seule fois.

Loin de moi

Je dois à mes voyages et à mes plongées dans l'inconnu prévisible une idée nouvelle *du métier* : on ne fait pas les choses parce qu'elles vont produire un résultat renversant ou donner lieu à des joies incommensurables, mais parce qu'elles sont partie prenante, peut-être de façon mystérieuse, d'un projet plus vaste, d'un complot.

L'idée que les gens se font d'eux-mêmes est terrible. Le péché originel. Le salut dans la fuite. Voir l'homme invisible. La république des animaux. Déclaré coupable. Se procurer des armes. Réseaux a-sociaux. Plaisirs cachés. La fortune de César. La clé universelle.

Voilà la vitesse du monde, le moment clé, l'accélération du sang, le jour, enfin, où deux et deux font quatre. Tout est une arithmétique, mais sortis de notre chiffrage officiel, dans les gestes symboliques du voyage, nous l'oublions.

Mensonge. Voyage. Retour. Ça ne finit jamais.

Navire

Je recommence à vivre après un sommeil sans faux pli
Le voyage du rêve est terminé
Un nautilus-enfant qui trouait l'air replie
Son encre empoisonnée

Premier poème du jour dans la chambre technique

Rivé à toi la nuit qui crépite sans fin
N'a plus d'habitacle
Le plaisir est un feu de paille
Immortel

Mea

Tu es la moins cruelle des amours
Tu ne pèses d'aucun poids de sang défavorable
Tu danses sur le fil extrême du futur
Tu ne viens jamais te glisser dans mes rêves

Sacrifice

Le sentiment heureux d'être toujours du nombre
Des vivants condamnés
La voix qui se taisait remonte

Je suis venu ici affronter l'invisible
Sans preuves. Sans reflets. Le déclin des passions
Le reversement des alliances
Dernier détail connu avant l'exécution
Les forces intactes dans les décombres
J'ai droit à quatre nuits d'amour

Jardin

La petite porte d'abeilles qui s'entrouvre
Porte tous les stigmates des lignes de la main
Dans le fond du jardin clôturé de statues

Nuages, simples paliers parmi les arpèges
Tout est fauché d'un coup de balancier
Le mouvement de métronome des orties
Le parterre piétiné de long en large
L'épiphanie des champs aux reins cassés
Le tempo de la pie
Toujours absorbée par son jeu prosodique

La mémoire est la seule immensité des eaux noires
La seule torsion des cheveux fouettés
Religion de l'instant, du soleil et du crime
Même dans le gris-perle d'une chambre d'oiseau

Overlove

Tu surgis dans ta tenue d'éclat de jade,
En piétinant les fruits et les cristaux séchés
La ruche première en poudre, renversante
Tu vas courir dans les nuées
La buée de ta bouche palpe les vasques
Tu vas courir sans fin

(Ne reviens plus ici, la partie est perdue)

Tes seins lourds cognent le tissu éclatant
Ils durcissent dans la distance
Le retard du réveil, l'ascenseur bloqué
Toutes ces acrobaties
Pour rejoindre le champ de bataille
Les statues meurtrières

(L'amour est à feu et à sang)

Socle vide, arc bandé
Un guerrier fou de toi
Essoufflé par la marche forcée des aiguilles
Le destin des étoiles
Une seule fois partagé dans le jardin secret
Rien ne dissimule plus la spirale d'absence
Le regret et le goût du sang

(Invisible pour le restant des jours)

Miranda

On remonte l'escalier sanglant
L'amour dernier n'a plus la force de se taire

Ces survivants anéantis sur la jetée
Les dents du coquillage mordant leurs lèvres rouges
La main de Dieu ne camouflant plus leurs grimages
Leurs cris de vieux enfants
En quittant l'espace des vitres

Blason

Je suis le néant du Seigneur
Le trou dans la création
La preuve que rien n'était possible.

Je suis le recul de la Bête
Le signe indéchiffrable
La trace d'une enfance étouffée
La rouille sur la margelle
Du tombeau.

Pseudonyme

Amants est le nom des âmes incarnées, du temps limpide, de la force revenue, du courage de tirer le fil de sa vie, de l'amitié au milieu du fleuve.

Amants est le nom que portent ceux qui nous ressemblent et qui ne sont pas nos semblables : leur corps, leur voix, leur langue, leurs joies, leurs affres, leurs amours vaines, et le moment toujours si pénible du déclin, le moment de passer la frontière et de perdre ses trésors de sable, ils les connaissent comme nous.

Mais la différence invincible, c'est qu'ils recommenceront le même jeu, ailleurs, autrement, alors que pour leurs partenaires de passage, la perte, quand elle survient, est absolue. On lâche prise, on tombe, et c'est le puits sans fond.

Plus jamais

J'ai rêvé que la neige enfouissait toute ma vie dans son tombeau. Je jouissais du monde ouaté dans lequel mon corps se perdait. Au réveil, j'ai déplié la fenêtre jaunie. La neige avait fondu en boue couleur kaki. Je suis parti sans un mot. La douleur de la veille au soir avait augmenté, surtout dans les jambes. Je marchais aussi vite que possible. En une seule nuit, les rues s'étaient couvertes d'un épais magma blanc, puis de sa glaciation, puis de sa pourriture. On pataugeait dans un cloaque et il n'y avait rien à faire pour préserver son pantalon de ces giclées.

Les passants avaient l'air de matelots mal arrimés sur le ponton, les trottoirs déclives les entraînaient vers la mer. Il y avait une ambiance de rixe au coin des rues, quelques coups de poing ont été échangés devant un café aux volets clos. Un homme seul marchait un couteau à la main. Cela finirait sur *YouTube*, pour la satisfaction des voyeurs. Le spectacle était anonyme et étrange, mal cadré.

À la gare, seul le trafic des grandes lignes avait repris. J'ai un peu hésité. Un réflexe d'autrefois, l'attrait du large. Puis j'ai senti où était mon Sud magnétique et j'ai pris le billet requis.

La longue course-poursuite enfin achevée jetait une flamme rétrospective sur un amas de ruines. Dans une vie, même vécue au galop sans faire de prisonniers, il n'y a pas de place pour beaucoup d'erreurs. Sinon on perd la partie pour de bon.

Oksana Makar

Je me souviens de ton Ukraine dont j'ai aimé la reine et les chansons sourdes, dans la vitesse du soir. Je me souviens du jour où j'ai lâché prise, où j'ai lâché le filin du bonheur.

J'avais une montre radioactive, elle est en panne. Jadis j'ai su courir sur les faîtes ; j'ai souvent volé dans les jardins. J'ai vu briller des couteaux.

Adieu.

Tu étais la danse et le fil, le sablier de l'espérance. Tu étais le sang du dieu de la langue. Tu étais le tourbillon aux yeux verts.

Oksana.

L'Ukraine est le nom de ma blessure au ventre. Elle est l'aimant clair du chagrin.

Les enfants qui vendaient des citrons et des pommes ont grandi, ils sont devenus vigoureux et velus, ont pris goût aux kebabs et à la vodka. Leurs lourds sexes tremblants sont entrés dans ton ventre. Puis ils ont mis le feu à ton corps de bois blanc.

Tu as mis deux jours à mourir. La lumière est noire, la gangrène a gagné.

L'Ukraine est en croix sur le sol. Elle m'irradie encore.

J'étais à genoux à Paris pendant que tu mourais, j'avais la lampe morte où brillait le poème. Je te donne mon âme et je sors de moi.

Dans les papiers du mort

Le plus haut pilier du détroit
Le tunnel noir le plus étroit

Ce tunnel est dans le regard
Le passage impossible à voir

Si serré qu'en s'y enfonçant
On jouissait presque du sang

Une série incontrôlable
Qui descendait loin dans les sables

Qui remontait en spasmes lents
Pris dans la force du torrent

La puissance était machinale
L'océan à forme animale.

Tout a fini dans le sommeil
La face noire du soleil.

Tempo

Traiter le temps comme un labyrinthe, une caverne dont on ressort les yeux éblouis par l'éclair intérieur. La splendeur se dissipe. Il n'y a aucun espoir de la ramener au grand jour.

Vivre ainsi, retranché, indifférent à l'Histoire, juste attentif à l'esprit de suite, pour écrire et pour aimer.

Peut-être que l'exil est un métier, une façon de gagner du temps sur le temps.

La certitude d'exister me devient étrangère. Je rêve ma vie mais sans conscience précise d'être quelqu'un. Il me semble que je suis devenu l'âme des autres, leur captation minérale. Il faudrait toute la transparence du néant pour se sentir en vie.

Il me manque la saveur âcre d'un jour de doute, ses surprises, ses raids dans l'inconnu, ses interdits transgressés.

Les fuites, les amours vaines, les saisons brutales, les métiers de rencontre, les livres arrachés au temps divisé, m'apparaissent ainsi comme une suite des mers intérieures, enchâssées l'une dans l'autre, accessibles de la surface par des accès intermittents.

Tous ces moments d'exil retournés sur le ventre, encore frétillants.

Quant aux moments d'amour, n'en parlons pas. Il y a prescription. Il y a toujours prescription. C'est à cela qu'on les reconnaît : l'interdiction de revenir, le désir d'être sans cœur.

Je n'ai pas de refuge à l'intérieur de moi. La poésie est mon seul lieu secret.

J'ai poursuivi dans l'immobilité heureuse un voyage commencé sur la corde raide.

Oui, en vivant chez soi, en ne voyageant pas, en recréant des univers d'ordre mental, en s'entourant de livres, de films, et plus encore, d'images fixes, on vit au cœur d'un royaume relativement inchangé. Si on sort mais en restant dans le cercle étroit de son quartier, de son square, de ses commerces de proximité, on est encore en territoire connu, en dépit des masques et d'une certaine rareté d'animation. Mais quand on franchit les limites du théâtre ordinaire, qu'on se rend dans ces postes frontières que sont les gares, les aéroports, alors on voit à l'œil nu le changement, non seulement de comportement, mais de règles et de décors : et l'on commence à comprendre qu'on nous vole le monde et qu'on démonte l'univers ancien pendant que nous nous nourrissons d'une sorte de réalité virtuelle. Nous sommes des personnages de *Matrix.*

Dans ce film préhistorique, mais dont la valeur de fable moderne reste frappante, la réalité virtuelle est devenue la seule réalité connue, à laquelle participent tous les habitants de notre planète, police politique incluse, à l'exception de quelques résistants, qui fuient les contrôles et vivent donc dans le monde concret et sordide, où tout est boue, ruines, égouts, rats, délitement, mensonge, laideur. Un de ces maquisards finira par trahir ses compagnons en échange d'une récompense d'argent et de confort dont il sait, mieux que personne, que c'est un leurre consenti. Il sera comme tous ses congénères humains installé sur une chaise, les pieds dans l'eau croupie, le crâne bardé d'électrodes, à rêver cette vie de château des nuages selon un programme dirigé.

L'exil s'explique peut-être par ce rêve intermittent d'échapper au programme, ou plutôt, d'en concevoir un autre pour soi seul, en piratant les systèmes D d'un siècle inventif et incohérent.

Portrait de l'été

La campagne aux murs épais, aux champs allongés dans le feu, les alternances de la lumière, le mystère de la résurrection des oiseaux dans les arbres, les cinquante saveurs de la paille et du foin, la singularité des voix et des cris lointains, le sexe facile et la nudité cachée.

Refuge de la salle de bains. Dans le tiroir du placard au linge frais, sous les serviettes gonflées par leurs replis, il y a l'objet précieux entre tous.

Après la lourde chaleur, la soirée semble fraîche, facile. On la supporte comme une simple mouche, qu'on chasse de la main.

Puis c'est la nuit et la chaleur retombe, plus lourde d'être immobile, appuyant à deux mains sur le torse, sur le cou. On se tortille en vain pour lui échapper.

Puis c'est l'aube, enfin : les ténèbres détruites, les nerfs relâchés, la partie en cours qui reprend, après le ridicule naufrage nocturne.

Je sortais de la chambre, le visage tiré par le désir. Je sentais mon corps porté par l'euphorie tellurique. J'entendais le craquement des insectes, tout près de moi. Je dévalais l'escalier. La chaleur froide du matin commençait ses travaux.

Échapper au piège. C'est une grande affaire. Peut-être la plus grande. Pas aux pièges ordinaires : la maladie, la haine, la peur, ce qui va sans dire. D'ailleurs on n'y échappe pas. Mais au piège principal, celui qui n'existe que pour vous, celui dans lequel on risque de tomber parce qu'on désire y tomber. C'est la tentation, au sens le plus fort, car votre âme y est engagée.

À quatre ou cinq reprises, j'ai été tenté. J'ai été soumis à la tentation. J'ai vu le sourire du Malin. Je ne suis pas un esprit religieux. Je ne pratique pas la mythologie. Je l'ai vu au grand jour, comme on voit la main d'un voleur prendre la clé, prestement, mais pas assez prestement. Peut-être veut-il qu'on le voie. Peut-être que cela fait partie du jeu.

La tentation fondamentale. La tentation d'être tenté. Je l'ai éprouvée telle quelle. Quatre ou cinq reprises, ce n'est pas énorme, dans une vie déjà longue. Elles disparaissaient comme elles étaient venues, vite. Mais elles ont laissé une trace, à cause des conditions de laboratoire, idéales, détachées, dans lesquelles elles se sont produites.

Des gens sans la moindre idée de ce qui fait l'intérêt de la vie sur la planète terre, et qui rôdaient dans la rue, avec une bosse sous le veston, à la place du cœur. Qui étaient prêts, sur l'ordre d'une vieille voyante, pour punir une faute imaginaire, à sortir leur cœur de leur poche, boîte à musique, moteur à deux temps, et tout le roulement de tambour. On retrouverait le corps des amants maudits, la petite visiteuse défroquée en rupture de langue et son complice non identifié, dans leur tanière aux murs couverts de cervelle et de sang.

Je ne referais pas à l'envers ma vie ni aucune autre vie, mais j'ai encore dans un tiroir le vieux couteau à ressort que j'ai tenu ouvert, une nuit durant, dans l'entrebâillure de la porte, pour garantir du retour des deux hommes cette fille aux yeux pochés.

La nuit éclatait de toutes ses voitures par la fenêtre entrouverte. Dieu que les bruits de cette Italie-là étaient poignants. Je commençais à comprendre l'indifférence aux risques, quand il n'y a plus rien à gagner. L'avenue principale saillait à angle droit. Elle était large, passante, et truffée de porches accueillants. On y aurait caché tout un bataillon.

Voilure

Le jeu est la seule langue commune, la série régulière qui permet aux humains de résoudre les équations simples : prévoir, combiner, dépasser, retourner. Pendant que les pièces se déplacent, que les cases tendent leurs filets, l'âme légère, la verticalité, ce projet de civilisation attendue, marque un point, perd un point, regagne, reperd, avec des degrés de patience, sur le thermomètre du temps.

Je me souviens simplement, comme une vision posthume, que chaque fois que j'ai été amoureux, l'instant le plus magique coïncidait avec le redoublement de la pluie. Alors, le pauvre jour fouetté devenait, vu du fond d'un lit, une sorte de captation de la lumière, une fête partagée avec la complice du bonheur. Tout ce qui précède était balayé.

Accepter d'être fragile et périssable, et en jouir, était l'ascèse unique. Tout le reste en découlait, la joie du matin et le supplice du soir. Et les intervalles du sang. Et l'alternance de plaisir et d'horreur que la pratique du monde faisait lever à chaque pas. Et la fin programmée.

La mort n'est pas un jeu.

Central

New York a coupé ma vie en deux, pour des raisons capricieuses, dans lesquelles la ville n'a joué qu'un rôle de catalyseur. Tout se serait passé autrement, pour mes amours d'alors et pour celles qui suivirent, si j'avais dû faire mes choix dans un cadre moins magnétique. J'étais confrontée en même temps à la passion, à la folie et à la mort dans un cercle si étroit et si dense que le souffle atlantique ne faisait qu'alimenter ses réacteurs souterrains.

Il est vrai que je ne suis jamais sorti de Manhattan, durant cette initiation primitive, prenant la mesure des frontières, des grilles et des barreaux. L'écrin de soie, immense à première vue et dont on faisait le tour sans s'épuiser, concentrait les émotions.

Y retourner, après une demi-vie, pour un poème, une nuit d'hôtel, une série de flashes sans images, m'a fait voir les limites de la guérison ; l'exil change de rythme, la musique du cœur s'élargit. À Grand Central, j'ai reconnu le froncement des abîmes, les minuscules désastres des huîtres ouvertes par des mains inchangées. C'était un souvenir de souvenir. N'être jamais venu ici qu'en rêve. C'est tirer un trait sur le trait.

Inventaire d'exil

Tout ce qui se succède sur un rythme accéléré et qui a la forme d'une première fois, recrée le temps.

Vieux trains. Pologne. Nuit. Plainte. Petit bistrot. Ordinateur. Fac. Fin du monde. Grenier. Enfants. Pieds nus. Bagages. Huissier. Chiens. Gravier. Hôtel. Contre-allée. Métro. Bois. Sous-bois. Rivière. Source. Carrelage. Magasin vide. Sac de couchage ouvert. Tête ébouriffée. Jardin. Haie. Balançoire. Stylo. Larmes. Parasols. Terrasse. Jeunes filles assises vues de dos. Enterrement. Taxi (intérieur/extérieur). Chaussée mouillée. Liasse de billets. Gare. Soufflet de train (entre wagons). Tunnels. Flottement de la méduse. Garage. Double pupitre. Grille de parc. Hall et couloir d'hôtel. Stendhal. Carte de crédit. Trèfle. Pseudonyme. Statue. Sable. Lèvres. Ascenseur. Millefeuille. Chambre d'amis. Brassée de magazines. Cabinet de dentiste. Accessoires. Genève. Diable. Clés. Stand de tir. Armes. Cibles ou cartons. Entrée du sauna. Chalumeau. Menthe. Marbre. Pièce vide. Vêtements éparpillés. Salle de bains. Chemise. Rasoir. Buisson ardent. Sicile. Place. Fontaine. Trattoria. Éléphant. Panne. Magasin fermé. Caniveau. Cheville. Neige. Trousse de secours. Vélo. Versailles. Sculpture. Léthargie. Morgue. Remords. Cocotte-minute. Plaque de cuisson. Recoin. Coups égrenés à la porte. Escalier de secours. Tabouret. Bouteilles vides. Coupure de courant. Fièvre. Automne. Vent. Arbre. Lit. Fleuve. Fuite en avant.

Quatre saisons. Un seul regard.

TABLE

De l'édition originale de ce livre, composée en caractères Garamond, il a été imprimé trois cents exemplaires sur papier Bouffant d'édition, dont vingt exemplaires numérotés en chiffres romains de I à XX, ceux-ci étant accompagnés d'une gravure originale de Paul Dumont, et signés par l'auteur et par l'artiste.
Le tout a été achevé d'imprimer au quatrième trimestre de l'année 2022 sur les presses de la Maison de la poésie d'Amay (Belgique)

EXEMPLAIRE